SAUDAÇÃO DE NATAL

FRANCISCO CÂNDIDO XAVIER

POEMAS E MENSAGENS
por Espíritos diversos

SAUDAÇÃO DE NATAL

Copyright © 2014 by
FEDERAÇÃO ESPÍRITA BRASILEIRA – FEB

Direitos licenciados pelo Centro Espírita União à Federação Espírita Brasileira
CENTRO ESPÍRITA UNIÃO – CEU
Rua dos Democratas, 527 – Jabaquara
CEP 04305-000 – São Paulo (SP) – Brasil

1ª edição – Impressão pequenas tiragens – 10/2022

ISBN 978-65-5570-474-7

Todos os direitos reservados. Nenhuma parte desta publicação pode ser reproduzida, armazenada ou transmitida, total ou parcialmente, por quaisquer métodos ou processos, sem autorização do detentor do *copyright*.

FEDERAÇÃO ESPÍRITA BRASILEIRA – FEB
SGAN 603 – Conjunto F – Avenida L2 Norte
70830-106 – Brasília (DF) – Brasil
www.febeditora.com.br
editorial@febnet.org.br
+55 61 2101 6161

Pedidos de livros à FEB
Comercial
Tel.: (61) 2101-6161 – comercial@febnet.org.br

Dados Internacionais de Catalogação na Publicação (CIP)
(Federação Espírita Brasileira – Biblioteca de Obras Raras)

X3s	Xavier, Francisco Cândido, 1910–2002
	Saudação de Natal / por Espíritos diversos; [psicografado por] Francisco Cândido Xavier. – 1. ed. – Impressão pequenas tiragens – Brasília: FEB; São Paulo: CEU, 2022.
	68 p.; 17,5 cm
	ISBN 978-65-5570-474-7
	1. Poemas. 2. Mensagens. 3. Obras psicografadas. I. Federação Espírita Brasileira. II. Título.
	CDD 133.93
	CDU 133.7
	CDE 80.04.00

Sumário

Prefácio **9**
  Beatriz Peixoto Galves

CAPÍTULO 1
Na glória do bem........................ **11**
  Emmanuel

CAPÍTULO 2
Saudade **14**
  Luiz de Oliveira

CAPÍTULO 3
Natal do vencedor....................... **16**
  Maria Dolores

CAPÍTULO 4
Petição de filha......................... **18**
  Ana Monteiro

CAPÍTULO 5
Engano.................................. **20**
  Cornélio Pires

CAPÍTULO 6
Sexo **21**
  Cornélio Pires

CAPÍTULO 7
Conceito................................ **22**
  Cornélio Pires

CAPÍTULO 8
Criação 23
Cornélio Pires

CAPÍTULO 9
Impulso de Deus 24
Cornélio Pires

CAPÍTULO 10
Achado 25
Cornélio Pires

CAPÍTULO 11
Previsões para 1990 26
Eurícledes Formiga

CAPÍTULO 12
Saudação do Natal 30
Casimiro Cunha

CAPÍTULO 13
A ceia ecológica 31
Cornélio Pires

CAPÍTULO 14
Assunto de amor 37
Cornélio Pires

CAPÍTULO 15
Trilogia da vida 38
Cornélio Pires

CAPÍTULO 16
Na seara do bem 40
Casimiro Cunha

CAPÍTULO 17
O melhor companheiro........................ **41**
Emmanuel

CAPÍTULO 18
Tristezas.................................... **44**
Emmanuel

CAPÍTULO 19
A máquina divina **48**
Emmanuel

CAPÍTULO 20
Na senda redentora.......................... **51**
Emmanuel

CAPÍTULO 21
Ante os viajores da morte **54**
Emmanuel

CAPÍTULO 22
Auxilia enquanto é hoje....................... **57**
Emmanuel

CAPÍTULO 23
Tentações................................... **60**
Emmanuel

CAPÍTULO 24
Sigamos com Jesus **64**
Emmanuel

CAPÍTULO 25
Prece pelo Natal **66**
Emmanuel

Prefácio

Prezado amigo leitor,
Este volume contém diversas mensagens do Mundo Espiritual que chegam até nós, mais uma vez, graças à nobre dedicação e voluntário serviço de Chico Xavier.

Poderíamos pensar que esta é uma coletânea de mensagens referentes exclusivamente ao Natal, todavia, dentre várias destas, acham-se trovas, sonetos e textos que abordam os mais diversos temas, tais como saudade, arrependimento, tristeza, dinheiro, tentações, amor e morte. Há, porém, um mesmo fio condutor que une a todas, cardado na mais autêntica moral cristã. O resultado é um aconchegante e balsâmico envoltório para nossos corações, quase sempre tão atormentados, suavizando nossos pensamentos, muitas vezes inquietos, e revelando os traços de uma verdadeira orientação espiritual que nos ampara e protege.

Seja através das encorajadoras palavras de Emmanuel há muitos anos passados, como as destinadas ao Ateneu Brasileiro de Cegos em 1947, seja através do linguajar agudo, direto e bem-humorado de Cornélio Pires, pronunciando-se há poucas semanas, este livro é uma Saudação de Natal oportuna a qualquer momento de nossas vidas.

Que nós todos possamos desfrutar da paz e alegria que nosso Pai nos concede!

Saudações,

BEATRIZ PEIXOTO GALVES
SÃO PAULO (SP), 20 DE DEZEMBRO DE 1995.

CAPÍTULO 1

Na glória do bem

Abre o teu coração à glória do bem, para que a glória do bem te clareie o caminho.

*

Qualquer criatura afeita à dominação pode, no mundo, enriquecer-se de ouro, mas somente aqueles que se entregam à inspiração da bondade conseguem enriquecer o ouro terrestre de alegria e de luz.

*

Todavia, para que possamos realizar semelhante operação, na química do Espírito, é imperioso que a fraternidade infatigável nos aconselhe, orientando-nos a jornada.

Chico Xavier
POR ESPÍRITOS DIVERSOS

Por isso mesmo, na exaltação da solidariedade legítima, é preciso que nossa alma incorpore a si mesma, a humildade e o amor, para que os nossos gestos consigam frutescer em talentos de verdadeira felicidade.

*

A moeda, guardada no arquivo da usura, cria a aflição e a intranquilidade nas mãos que a sepultam no cofre do exclusivismo, mas aquela que se transforma na gota de leite para a criança faminta ou no remédio necessário ao doente, é bênção de paz a multiplicar a esperança e a alegria no Tesouro Celeste.

*

Dá-te, assim, ao trabalho constante em que teu suor se converta na fortuna indispensável a quantos te partilham a marcha na certeza de que a vida vitoriosa é aquela que oferece curso livre aos valores da experiência, a fim de que a saúde e a higiene, a educação e o conforto, sejam patrimônio comum a todos os que nos cercam.

*

SAUDAÇÃO DE NATAL
NA GLÓRIA DO BEM

Lembra-te de que a lama cultivada produz pão que alimenta, e não olvides que o espinheiro, em pleno deserto, com a simples visita do orvalho se veste com a flor que perfuma.

*

Portanto, onde estiverdes, ampara e auxilia sempre, recordando Jesus que, sem uma pedra onde repousar a cabeça, deu-nos a todos o próprio coração em forma de renúncia, no serviço incessante, enriquecendo-nos para sempre diante da Vida Eterna.

EMMANUEL

CAPÍTULO 2
Saudade[1]

Agradeço o socorro que me deste
Quando caí do conforto do ninho...
Beijaste-me no lenço de alvo linho,
Mas regressaste, cedo, à Luz Celeste...

Venho rogar em teu Lar de cipreste,
Em que foste bondade, alegria, carinho
E o apoio da fé na secura do agreste
Que serão luz e vida em meu caminho.

Estou no Além... Já procurei-te, em vão,
E seguirei, enfim, onde possa chamar-te,
Sempre com Deus em minha devoção...

---

[1] **N.E.:** Soneto recebido em reunião pública do Grupo Espírita da Prece, na noite de 23 de março de 1991, em Uberaba, Minas Gerais.

SAUDAÇÃO DE NATAL
SAUDADE

Confio em ti, vida de minha vida,
Um dia, hei de encontrar-te, Mãe querida,
Pela saudade atroz do coração.

LUIZ DE OLIVEIRA

CAPÍTULO 3
Natal do vencedor

O Homem plantou Ódio, tenda em tenda;
O Ódio fez um conflito em graves crises,
Exterminando aldeias infelizes,
Sem ninguém que as preserve ou que as
[defenda.

Chegam conquistadores... Nova senda:
Ódio e Guerra por todos os países...
Vem a Morte e lhes quebra as diretrizes,
Pondo, um a um, sob as cinzas da lenda...

Natal!... Promessa e luz de longas eras!...
É Jesus renovando as primaveras
Do amor puro, na Terra jamais visto...
Há um só vencedor, ao nosso lado,

SAUDAÇÃO DE NATAL
NATAL DO VENCEDOR

Tão vivo agora, como no passado,
O alto Herói, Nosso Senhor Jesus Cristo.

MARIA DOLORES

CAPÍTULO 4
Petição de filha[2]

"De nada sabes, Mãe..." eis que eu dizia
A gritar palavrões, cerrando a porta...
Trocando-te doente e semimorta
Por noites de ilusão e rebeldia.

Lembro-te trabalhando, qual eu via,
No tanque de lavar, no apoio à horta...
Partiste para o Além... A dor me corta,
Entretanto, o prazer me consumia...

Fui rica, mas a morte em meu cansaço
Tudo arrasou em penúria e fracasso,
Falando-me em remorso e ingratidão...

---

[2] **N.E.:** Soneto recebido em Culto do Evangelho no Lar, em sua própria residência, na noite de 26 de março de 1995, em Uberaba, Minas Gerais.

SAUDAÇÃO DE NATAL
PETIÇÃO DE FILHA

Sinto-me só, embora socorrida,
Vem amparar-me, luz de minha vida,
Anjo querido de meu coração.

ANA MONTEIRO

CAPÍTULO 5
Engano

Gelásio jogando buzos
Na Fazenda de Itaoca,
Comeu grande tanajura
Pensando que era pipoca.

CORNÉLIO PIRES

CAPÍTULO 6
Sexo[3]

Vi João brincando de amor
No Sítio Terra Menor...
Notei que o sexo é bom,
Mas disciplina é melhor.

CORNÉLIO PIRES

---

[3] **N.E.:** Trova recebida em seu Culto Individual do Evangelho, na noite de 21 de outubro de 1995, em Uberaba, Minas Gerais.

CAPÍTULO 7
Conceito[4]

Conceito de velho amigo
Que morava em Cascadura:
"Todos teremos na vida
Aquilo que se procura".

CORNÉLIO PIRES

---

[4] **N.E.:** Trova recebida em seu Culto Individual do Evangelho, na noite de 22 de outubro de 1995, em Uberaba, Minas Gerais.

CAPÍTULO 8
Criação[5]

Deus criou a selva, o mar,
O campo, o lago, o jardim
E fez do mundo um teatro
Que expõe novelas sem-fim.

CORNÉLIO PIRES

---

[5] **N.E.:** Trova recebida em seu Culto Individual do Evangelho, na noite de 23 de outubro de 1995, em Uberaba, Minas Gerais.

CAPÍTULO 9
Impulso de Deus[6]

O mal que nos faz sofrer
Com ataques que não tem
É sempre impulso de Deus
Chamando-nos para o bem.

CORNÉLIO PIRES

---

[6] **N.E.:** Trova recebida em seu Culto Individual do Evangelho, na noite de 24 de outubro de 1995, em Uberaba, Minas Gerais.

CAPÍTULO 10
Achado[7]

Telé achou certa mala,
Vendo um guarda, ficou mudo;
Abriu-a, chegando em casa,
Era cobra para estudo.

CORNÉLIO PIRES

---

[7] **N.E.:** Trova recebida em seu Culto Individual do Evangelho, na noite de 25 de outubro de 1995, em Uberaba, Minas Gerais.

CAPÍTULO 11
Previsões para 1990

Nunca fui de astrologia
Mas de atenção calma e atenta,
Faço algumas previsões
Para o ano de Noventa.

Deus nos dê trabalho e paz,
No tempo que se inicia,
Na união de que dispomos,
Em cânticos de alegria.

Veremos o desemprego
Em rixas e sofrimentos.
Não por falta de serviço,
Por falta de vencimentos.

SAUDAÇÃO DE NATAL
PREVISÕES PARA 1990

A imprensa fará barulho,
Comentando as regalias,
Muita gente clamará
No corte das mordomias.

Os problemas serão muitos,
Todos nós sabemos disto,
Mas teremos segurança
Na bênção de amor do Cristo.

O amor livre crescerá
Nos modos justificados;
Em toda parte, ouviremos
Cochichos de namorados.

Os nossos avós e pais
Lembram afagos antigos,
Nossos amados idosos
Nunca serão esquecidos.

Chico Xavier
POR ESPÍRITOS DIVERSOS

Natalidade terá
Aumento e números loucos,
Muitas crianças nascendo,
Casamentos serão poucos.

O conflito entre as Nações
Permanece em grossa bruma;
Da guerra e rumor de guerra
Não se sabe cousa alguma.

As questões salariais
Surgirão em causas leves,
Os processos mais estranhos
Suscitarão várias greves.

Apesar da luta imensa
De que a Terra está marcada,
Pela fé que cultivamos
A paz será conservada.

SAUDAÇÃO DE NATAL
PREVISÕES PARA 1990

E todos nós cantaremos
Sob a luz do céu de anil,
Trabalhando com Jesus
No progresso do Brasil.

EURÍCLEDES FORMIGA

CAPÍTULO 12
Saudação do Natal[8]

Amigo, Deus lhe conceda
Um Natal de Paz Divina
Ao sol da nossa Doutrina,
Nas bênçãos do Amor Cristão.
Que a mensagem do Evangelho
Seja a luz que nos sustente!
Busquemos alegremente
A glória da redenção.

CASIMIRO CUNHA

---

[8] **N.E.:** Mensagem psicografada na noite de 19 de dezembro de 1989, em reunião pública do Centro Espírita Perseverança, em São Paulo, capital.

CAPÍTULO 13

A ceia ecológica[9]

Conversas sobre conversas
Por trás de assunto sem lógica
Disse-me Ilídio: "Amanhã
Vamos à ceia ecológica.
Você seguirá comigo?"
Pronto, assumi a promessa.
Ilídio é um bom amigo,
Mas que ceia será essa?
"Não deve seguir sozinho",
Prosseguiu ele,
"Antes da ceia em caminho".

---
[9] **N.E.:** Versos recebidos em reunião do Centro Espírita Perseverança, dezembro de 1992, em São Paulo, capital.

Chico Xavier
POR ESPÍRITOS DIVERSOS

No outro dia despertei
De ouvidos fenomenais
Estava escutando as pedras,
As plantas e os animais.

Ilídio veio buscar-me
E, no carro em que seguia,
Notei que outro era o rumo
Além da periferia.

Desdobrando-se o caminho,
Vimos nós um casarão...
O amigo esclareceu:
"É a casa do tio Adão".

Avançamos e nos vimos
Em meio de algumas roças
E notamos o barulho
De peões, carros, carroças...

SAUDAÇÃO DE NATAL
A CEIA ECOLÓGICA

Ilídio parou o carro e descemos,
Era um desfile esperado,
Animais vinham chegando
Seguindo por nosso lado.

Na frente vinha um cabrito
Gritando: "Morra o churrasco!...
Não desejo festa alguma,
Não quero ver o carrasco!..."

Num caminhão certa vaca
Mascava feno em restolho.
Dizia ao boi que a seguia:
"Meu velho, fique de olho!"

Ao lado vinham dois perus,
Um deles fala: "É demais"
E o outro: "Eu também bebi,
Da cachaça do Moraes".

Chico Xavier
POR ESPÍRITOS DIVERSOS

Num caminhão, a galinha,
Cercada de frangos novos,
Prosava para a festança...
"Já dei os meus belos ovos".

Grande fêmea de um suíno,
Seguindo frágil leitoa,
Rogava: "Não maltratem minha
Filha, que é tão boa..."

Dois coelhos numa gaiola
Cochichavam, entre si:
"Não fosse a corda no pé,
Sairíamos daqui".

Num planalto assaz pequeno
O aroma de um cajueiro;
Lá longe ia a parada
Dominando o espaço inteiro.

SAUDAÇÃO DE NATAL
A CEIA ECOLÓGICA

No pátio, o chefão chegou
E passou a esfaquear,
A turma toda apavorada
Pôs-se a gemer e a gritar.

Vendo o sangue, emocionei-me;
Não podia ver aquilo,
Queria voltar à casa,
A fim de ficar tranquilo.

Fui a Ilídio e, com franqueza,
Não podia suportar,
Aquela cena de dor,
Queria a paz do meu lar.

Ilídio riu-se e falou:
"Cornélio, nunca supus
Que você fuja de festa
Para as obras de Jesus".

Chico Xavier
POR ESPÍRITOS DIVERSOS

E então, desorientado,
Fiquei sabendo, afinal,
Que a ceia da ecologia
Era a festa do Natal.

CORNÉLIO PIRES

CAPÍTULO 14
Assunto de amor[10]

Na Terra, o amor paga imposto,
Como exige a Natureza:
— Por dois anos de alegria,
Paga quatro de tristeza.

No mundo, a união em dupla,
O epílogo é sempre assim:
Se o enfado chega aos dois,
O grande amor chega ao fim.

O beijo mais cativante,
Segundo conceitos sábios,
É um sonho maravilhoso
Que deve ficar nos lábios.

CORNÉLIO PIRES

---

[10] **N.E.:** Mensagem recebida em reunião pública do Grupo Espírita da Prece, na noite de 31 de julho de 1993, em Uberaba, Minas Gerais.

CAPÍTULO 15
Trilogia da vida[11]

A criatura com fome
Coloca o estômago em luta...
O consolo fala, fala,
Mas o ventre não escuta.

Um rico e grande avarento
Guardou fortunas luzentes,
Deixando enorme banquete
Para a gula dos parentes.

---

[11] **N.E.:** Versos recebidos em reunião pública do Grupo Espírita da Prece, na noite de 10 de abril de 1993, em Uberaba, Minas Gerais.

SAUDAÇÃO DE NATAL
TRILOGIA DA VIDA

Caridade praticada
De todos os bens que investe,
Tem os juros da alegria
No câmbio do Lar Celeste.

CORNÉLIO PIRES

CAPÍTULO 16
Na seara do bem

Trabalha, serve e auxilia,
Não importa quanto e quando...
Na Terra, em cada minuto,
Alguém está naufragando...

CASIMIRO CUNHA

CAPÍTULO 17
O melhor companheiro

É aconselhável que a justiça fale pelo dinheiro, toda vez que o dinheiro seja relegado ao banco dos réus.

Possivelmente, malfeitores terão perpetrado crimes para agarrá-lo; não se esqueça, porém, de que ele representa o reconforto e a segurança para milhões de pais de família, nas horas de mais torva necessidade.

*

Talvez para amontoá-lo, mercadores astutos fazem o comércio de entorpecentes, que escravizam Espíritos invigilantes em costumes viciosos; mas ninguém olvide que ele constitui a inspiração para milhões de pessoas que procuram manejá-lo com sensatez.

*

Decerto que, a fim de explorá-lo, traficantes da ilusão levantam casas de prazer inútil, em que tantos companheiros aniquilam o tempo e a vida; impossível, no entanto, desconhecer que ele auxilia a construir universidades e fábricas onde milhões de criaturas aprimoram a inteligência e engrandecem o trabalho.

*

Atraídos pelas facilidades que ele proporciona, aventureiros tentam induzi-lo aos labirintos da crueldade e da calúnia; razoável lembrar, contudo, que nele se expressa a alavanca providencial em que se escoram milhões de irmãos em dificuldades, para não descerem ao abismo do descrédito e da insolvência.

Avarentos infelizes tê-lo-ão trancado, transitoriamente, no intuito de furtá-lo ao progresso; em momento algum, todavia, será lícito ignorar-lhe a missão sublime nas mãos dos seareiros da fraternidade, erguendo lares, escolas, abrigos e hospitais, recolhendo crianças e mães desventuradas, amparando enfermos desvalidos, assegurando a divulgação da Luz Espiritual que dissipa as trevas da ignorância ou garantindo a defesa da verdade contra a mentira.

*

Comentando o Evangelho, segundo os princípios espíritas, não podemos esquecer que o Cristo respeitou os dois vinténs doados pela viúva humilde, em hora de fé.

*

Abençoemos o dinheiro e saibamos empregá-lo na edificação do bem geral, porque todo dinheiro que nos chegue ao caminho, sob a cobertura da paz de consciência, é um amigo que veio trabalhar por nossas mãos, em nome da confiança da vida e da Bondade de Deus.

EMMANUEL

CAPÍTULO 18
Tristezas

Uma tristeza existe com legitimidade inconteste, aquela que decorre do arrependimento por faltas cometidas, tristeza essa, porém, que não deve perdurar em nós senão pelo estreito tempo necessário ao autoexame, análogo àquele de que se utiliza um estabelecimento de crédito quando cerra temporariamente as portas para balanço. Mesmo aí, é imprescindível soerguer a coragem, confiar e trabalhar, acumulando valores novos para a conquista de perene alegria.

Indiscutivelmente, a existência na Terra assemelha-se ao aprendizado na escola e ninguém

SAUDAÇÃO DE NATAL
TRISTEZAS

se lembrará, em sã consciência, de transformar um educandário em estância de embriaguez.

*

À frente de semelhante verdade, urge observar igualmente que um instituto de ensino não é precipício aberto às farpas do desespero.

Daí o imperativo de buscarmos a essência do otimismo que transparece das mais difíceis situações.

*

Estamos, sim, por agora, no quadro das consciências endividadas, com a obrigação de sofrer para resgatar no presente os erros do passado, mas somos criaturas do Criador dispondo de infinitos recursos para melhoria e sublimação do porvir.

*

Padecemos enfermidades, consoante as desarmonias que nos desajustam o espírito, no entanto, sabemos hoje que doença é o processo com que a vida recupera a saúde.

*

Chico Xavier
POR ESPÍRITOS DIVERSOS

Lamentamos a distância que nos separa das entidades angélicas, todavia, na atualidade, já nos acomodamos com a prece, rogando ao Senhor nos apoie contra as nossas próprias fraquezas, para que não desçamos à condição de malfeitores indiferentes.

*

Toleramos duros embates no atrito natural uns com os outros, seja para vencer as diferenças de nível evolutivo ou para acertar contas herdadas de outras reencarnações, contudo, basta-nos o exercício da fraternidade real com base nos bons exemplos para liquidar débitos e sanar desequilíbrios que nos ensombram os corações.

*

Decididos a arrostar com os encargos que esposamos ante o Cristo, em solicitando acesso às Esferas Superiores, seguimos realização afora defrontados por empecilhos de toda espécie, entretanto, ser-nos-á razão de profundo consolo reconhecer que não compareceremos, um dia, perante o Mestre, sem as marcas da cruz, que

SAUDAÇÃO DE NATAL
TRISTEZAS

Ele nos ensinou e recomendou carregar se quiséssemos demandar-lhe o convívio.

*

Tristeza não se harmoniza com quem serve no bem comum, porque o bem de todos pode ser comparado à luz do Sol que renasce diariamente das trevas da noite, a fim de estimular e construir o Mundo Melhor, através do esforço persistente de cada dia.

EMMANUEL

CAPÍTULO 19
A máquina divina

Meu amigo,
O corpo físico é a máquina divina que o Senhor nos empresta para a confecção de nossa felicidade na Terra.

*

Os vizinhos do bruto precipitam-na ao sorvedouro da animalidade.

*

Os maus empregam-na criando o sofrimento dos semelhantes.

*

Os egoístas valem-se dela para esgotarem a taça de prazeres fictícios.

*

SAUDAÇÃO DE NATAL
A MÁQUINA DIVINA

Os orgulhosos isolam-na sem proveito.

*

Os vaidosos cobrem-na de adornos efêmeros para reclamarem o incenso da multidão.

*

Os intemperantes destroem-na.

*

Os levianos mobilizam-na para menosprezar o tempo.

*

Os tolos usam-na inconsideradamente, incentivando as sombras do mundo.

*

Os perversos movimentam-lhe as peças na consecução de desordens e crimes.

*

Os viciados de todos os matizes aproveitam-lhe o temporário concurso na manutenção da desventura de si mesmos.

*

Os indisciplinados acionam-lhe os valores estimulando o ruído inútil em atividades improdutivas.

Chico Xavier
POR ESPÍRITOS DIVERSOS

*

O Espírito prudente, todavia, recebe essa máquina valiosa e sublime para tecer, através do próprio esforço, com os fios da caridade e da fé, da verdade e da esperança, do amor e da sabedoria, a túnica de sua felicidade para sempre na Vida Eterna.

EMMANUEL

CAPÍTULO 20
Na senda redentora

Enquanto nos demoramos nas teias escuras da animalidade, costumamos centralizar a vida na concha envenenada do egoísmo, orientando-nos pelo cérebro, agindo pelo estômago e inspirando-nos pelo sexo...

*

A passagem na Terra significa, então, para nossa alma, o movimento feroz de caça e presa.

*

O cálculo é o nosso modo de ser.
A satisfação física é o nosso estímulo.
O prazer dos sentidos é a finalidade de nosso esforço.

Contudo, quando a luz do Evangelho se faz sentir em nosso coração, altera-se-nos a vida.

*

O amor passa a reger nossas mínimas expressões individuais.

*

Identificamos as nossas próprias feridas, catalogamos nossos próprios defeitos e inventariamos nossas próprias dificuldades.

*

A língua perde a volúpia criminosa da maledicência.

Os olhos olvidam a treva, em busca de sol que lhes descortine horizontes mais vastos.

*

Os ouvidos esquecem as serpes invisíveis do mal, a fim de se concentrarem nas sugestões do Bem.

*

E a cabeça procura o suave calor da fornalha da caridade, a fim de que as ilusões lhe não imponham o frio do desapontamento amargo, triste compensação de quantos reclamam da carne a felicidade que a carne não pode dar...

*

Chegada esta hora bendita de renovação de nosso próprio Espírito, nossa existência se transforma numa pregação permanente aos que nos seguem os passos, uma vez que a lâmpada acesa do ensinamento de Jesus, no imo da nossa alma, é astro irradiante a clarear a marcha da vida.

Não te gastes, portanto, desesperando-se em exigências descabidas, nem te percas no cipoal das queixas sem significação...

*

Procura o Cristo, em silêncio, e grava as lições d'Ele nas páginas da tua luta de cada dia, e quem te acompanha saberá encontrar em tua conduta e em teus gestos o santificado caminho da redenção.

EMMANUEL

CAPÍTULO 21
Ante os viajores da morte

Se a morte visitou o círculo das tuas atividades pessoais, guarda uma atitude de reverência e de amor para com a memória do irmão que partiu.

*

Não lhe julgues a experiência nem lhe critiques o roteiro que o sepulcro modificou.

*

Entre os véus asfixiantes do corpo, é sempre difícil e perigoso ajuizar quanto à conduta de alguém.

Não sabes que males aparentes na vida se transformaram em bens na realidade eterna e ignoras os bens imaginários do caminho

SAUDAÇÃO DE NATAL
ANTE OS VIAJORES DA MORTE

humano que se metamorfosearam em amarguras, além da fronteira da cinza que o túmulo estabelece entre os que seguem e os que ficam...

*

Compadece-te e ampara sempre.

*

Não permitas que a tua saudade se converta em aflição sobre o Espírito bem-amado que te antecede os passos na grande viagem nem admitas que a tua mágoa se transforme em espinheiro, na senda do adversário que tomba antes de ti.

*

Cultiva, na terra das tuas recordações acerca dos mortos que prosseguem sempre vivos, as bênçãos de tua compreensão e de tua bondade...
Todos eles escutam a mensagem silenciosa que lhes é endereçada do mundo... Todos recebem as rosas ou brasas que o irmão da retaguarda lhes atira ao nome...

*

Lembra-te sempre de que a tua jornada de regresso realizar-se-á hoje ou amanhã... E, hoje

Chico Xavier
POR ESPÍRITOS DIVERSOS

ou amanhã, encontrarás, além, os frutos de tua própria sementeira, uma vez que na Terra ou noutros setores de trabalho universal, receberemos invariavelmente de acordo com as nossas próprias obras.

EMMANUEL

CAPÍTULO 22
Auxilia enquanto é hoje

Recorda que, um dia, demandarás também o grande país da morte.

*

Sentirás o frio do túmulo a envolver-te o raciocínio, até que a luz te bafeje, triunfante, o Espírito renovado.

*

Nem por isso, deixarás de ouvir as palavras que a boca humana pronuncie em tua memória e, em plena transformação, receberás o impacto de todos os pensamentos formulados na Terra a teu respeito.

Chico Xavier
POR ESPÍRITOS DIVERSOS

Então, suspirarás pela benevolência do próximo para que as tuas boas intenções sejam tomadas em conta no julgamento de teus dias.

*

Sofrerás em teu coração a crítica e a malevolência, a mágoa e a acusação com que te envolvam o nome, tanto quanto regozijar-te-ás com as vibrações de carinho e com as preces de amor endereçadas ao teu espírito...

*

Reflete nessa lição do amanhã inevitável, fazendo-te agora mais humano e mais doce, em recordando os mortos que são mais vivos que tu mesmo, na Imortalidade Renascente.

*

Ainda mesmo no comentário em torno daqueles que se arrojaram às trevas, pensa nas boas obras que terão inutilmente desejado praticar durante a permanência no corpo e lembra-te das esperanças que lhes teceram no mundo os primeiros sonhos...

Medita nas lágrimas ocultas que choraram sem consolo, nas aflições e remorsos que lhes

SAUDAÇÃO DE NATAL
AUXILIA ENQUANTO É HOJE

vergastaram a consciência, mas não te confies à cultura da reprovação e do ódio, destacando-lhes o lado obscuro e amargo da vida...

*

Procura enxergar o bem que os outros ainda não perceberam, auxilia onde muitos desistiram do perdão, auxilia onde tantos desertaram da caridade e estarás acendendo piedosa luz para teus próprios pés, à maneira de lâmpada suave e amiga com que te erguerás, desde hoje, muito acima da sombra espessa e triste da morte.

EMMANUEL

CAPÍTULO 23
Tentações

O êxito dos falsos profetas, em nossa vida, surge na proporção de falsidade que ainda abrigamos em nosso próprio espírito.

*

O ouro tenta o homem, mas não move o interesse do corvo. Os detritos atraem o corvo, mas apenas provocam a repugnância do homem.

*

Somos tentados invariavelmente de acordo com a nossa própria natureza.

*

SAUDAÇÃO DE NATAL
TENTAÇÕES

A perturbação não lançaria raízes no solo de nossa alma, se aí não encontrasse terreno adequado.

*

Não nos libertaremos, assim, das forças enganadoras que nos cercam, sem a nossa própria libertação dos interesses inferiores.

*

O ouvido que oferece asilo à calúnia é cultor da maledicência.

*

A boca que se detém na resposta ao insulto, naturalmente estima a produção verbal de crueldade e sarcasmo.

*

Quem muito se especializa na contemplação do charco, traz o pântano dentro de si.

*

Quem se consagra sistematicamente à fuga do próprio dever, aceita a comunhão com criaturas indisciplinadas como se convivesse com mártires e heróis.

*

Chico Xavier
POR ESPÍRITOS DIVERSOS

Quem apenas possui visão para a crítica, encontra prazer com os censores inveterados e com os incuráveis pessimistas que somente identificam a treva ao redor dos próprios passos.

*

Tenhamos cautela em nós mesmos, a fim de que a nossa defensiva contra a mentira e contra a ilusão funcione, eficiente.

*

Não seríamos procurados pelos adversários da Luz se não cultivássemos a sombra.

*

Jamais ouviríamos o apelo às nossas vaidades se não vivêssemos reclamando o envenenado licor da lisonja ao nosso próprio "eu" enfermiço.

*

Procuremos as situações e os acontecimentos, as criaturas e as cousas pelo bem que possam produzir, nunca pelo estímulo ao nosso personalismo desregrado, e os problemas da tentação degradante estarão resolvidos em nossa marcha.

*

SAUDAÇÃO DE NATAL
TENTAÇÕES

"A árvore é conhecida pelos frutos" ensina o Senhor, e seremos queridos e admirados pelos Espíritos que nos rodeiam através de nossos próprios pensamentos e através de nossas próprias obras.

*

Sejamos fiéis ao Senhor, na prática do amor puro, em qualquer confissão religiosa a que nos afeiçoemos e as forças infiéis à verdade não encontrarão base em nossa vida, uma vez que a Vontade Divina, e não o nosso capricho, será então a luz santificadora de nossos próprios corações.

EMMANUEL

CAPÍTULO 24
Sigamos com Jesus[12]

Perdidos no vale das sombras, padecíamos dolorosa cegueira espiritual, quando o Vidente Divino veio até nós, fazendo claridade em nosso caminho para Deus.

*

O amor e o sacrifício, no trabalho do bem aos semelhantes, foram a senha de seu apostolado.

*

Não obstante nossos desvios e enfermidades, apesar das trevas em que nos mergulhávamos, não nos considerou imprestáveis

---

[12] **N.E.:** Psicografada em 22 de julho de 1947, em Pedro Leopoldo, Minas Gerais, com destino ao Ateneu Brasileiro dos Cegos.

SAUDAÇÃO DE NATAL
SIGAMOS COM JESUS

para a continuação do Reino Celeste na Terra. Estendeu-nos mãos salvadoras e abriu-nos sublime campo de atividade renovadora.

*

Por que não imitarmos o exemplo do Mestre, diante dos companheiros temporariamente privados da luz?

*

O cego não é inválido nem inútil. É nosso irmão aguardando concurso fraterno, a fim de habilitar-se para mais amplo serviço ao Senhor, à Humanidade e a si mesmo.

*

Ampará-lo é simplesmente dever.

*

Auxiliemo-lo, assim, a vencer na jornada sombria, seguindo os passos d'Aquele que nos declarou há quase vinte séculos: "Eu sou a luz do mundo – quem me segue não anda em trevas".

EMMANUEL

CAPÍTULO 25
Prece pelo Natal[13]

Meus amigos, Deus nos conceda muita paz ao coração, renovando-nos as forças no trabalho de cada dia.

*

Associando-nos ao nosso irmão Arthur, desejamos-vos um Natal cheio de venturas de espírito.

*

Em oração de reconhecimento, lembramos que o vosso mundo está, como outrora, mergulhado em profunda noite, noite dolorosa e fria, em que há tantos corações maternos adoentados.

---

[13] **N.E.:** Página recebida em presença de um amigo.

SAUDAÇÃO DE NATAL
PRECE PELO NATAL

Mas nossa esperança volta-se para a Manjedoura singela.

*

A estrela sublime ainda brilha no céu de nossas consciências, indicando o Berço Divino.

*

Essa estrela é o Evangelho.

*

Sua claridade nos conduzirá à simplicidade de nosso próprio mundo interior, a fim de que aí se opere o Novo Nascimento de Cristo.

*

Na Manjedoura antiga nasceu o Salvador, na Manjedoura íntima deve surgir o Mestre.

*

Sejamos seus discípulos em Espírito e Verdade. Outrora, celebramos o acontecimento com os hinos de louvor. Celebremo-lo, agora, com o devotamento e a compreensão de cada dia.

*

Deus nos proteja sempre.

EMMANUEL

www.febeditora.com.br

/febeditora /febeditoraoficial /febeditora

Conselho Editorial:
Jorge Godinho Barreto Nery – Presidente
Geraldo Campetti Sobrinho – Coord. Editorial
Cirne Ferreira de Araújo
Evandro Noleto Bezerra
Maria de Lourdes Pereira de Oliveira
Marta Antunes de Oliveira de Moura
Miriam Lúcia Herrera Masotti Dusi

Produção Editorial:
Elizabete de Jesus Moreira

Revisão:
Wagna da Silva Carvalho

Capa:
Evelyn Yuri Furuta
Luciano Carneiro Holanda

Projeto Gráfico:
Evelyn Yuri Furuta
Thiago Pereira Campos

Diagramação:
Rones José Silvano de Lima – instagram.com/bookebooks_designer

Foto de Capa:
Acervo Oceano Vieira de Melo

Normalização Técnica:
Biblioteca de Obras Raras e Documentos Patrimoniais do Livro

Esta edição foi impressa no sistema de Impressão pequenas tiragens, todos em formato fechado de 125x175 mm e com mancha de 92x138mm. Os papéis utilizados foram o Off white 80 g/m² para o miolo e o Cartão 250 g/m² para a capa. O texto principal foi composto em Kepler Std 14/16,8 e os títulos em Kepler Std Light Italic 35/34. Impresso no Brasil. *Presita en Brazilo.*